EDICT DV ROY POVR L'ESTABLISSEMENT D'VNE CHAMBRE DE IVSTICE, pour la recerche & punition des abus & maluersations commises au faict de ses finances.

Verifié au Parlement, Chambre des Comptes, Cour des Aydes & Chambre de Iustice.

A PARIS,

Chez FED. MOREL, & P. METTAYER, Imprimeurs ordinaires du Roy.

M. DC XXIIII.

Auec priuilege de sa Majesté.

LOVIS par la grace de Dieu, Roy de France & de Nauarre, A nos amez & feaux les gens tenans nostre Cour de Parlement en la Chambre des Vaccations à Paris, Salut. Nous auons ce iourd'huy faict expedier nos Lettres Patentes cy attachées sous le contrescel de nostre Chancellerie, pour l'establissement d'vne Chambre de Iustice, pour la recherche & punition des abus & maluersations commises au faict de nos Finances, lesquelles nous auons addressées à nostre Cour de Parlement pour les faire enregistrer. Et d'autant que nostredite Cour ne sied à present, & que nous desirons sans aucun retardement faire establir ladite Chambre, Nous vous commandons & tres-expressément enjoignons par ces presentes, qu'incontinent & sans aucun delay, vous ayez à proceder à l'enregistrement desdites Lettres, nonobstant qu'elles soient adressées à nostredite Cour de Parlement: Ce que nous ne voulons nuire ny preiudicier audit establissement, ny à l'aduancement d'iceluy: CAR tel est nostre plaisir. Dõné à S. Germain en Laye le 21. iour d'Octobre, l'an de grace 1624. Et de nostre regne le quinziéme. Signé, Par le Roy, DE LOMENIE. Et seellée du grand seau de cire iaune sur simple queuë.

LOVIS par la grace de Dieu, Roy de Frãce & de Nauarre, A tous presens & à venir, Salut. Nous auons receu & receuõs iournellement de si grãdes plaintes par nos subjets, de tous les ordres & de toutes les Prouinces de cet Estat : Mesmes par frequentes & reïterées remonstrãces de nos Cours souueraines, des abus & maluersations cõmises au faict de nos Finãces, par nos Officiers employez au maniement & administration d'icelles, & que la licence de les commettre est si grãde, qu'elle se rend cõmune & quasi publique, comme si c'estoit du droict des charges d'y profiter par toutes les voyes indirectes, que l'auarice & la conuoitise peuuent excogiter : Que les grandes & prodigieuses acquisitions desdits Officiers, les eleuemẽs de leurs maisons, l'esclat & la splendeur de leurs familles, semble estouffer la dignité des meilleures &

plus anciennes, & s'esleuer mesmes par dessus les plus grãds de nostre Royaume, outre la ruine & la corruption des mœurs que ce pernicieux exẽple cause à plusieurs de nos autres subiets qui se laissent aisément emporter au desir du luxe, & des superfluitez qu'ils y voyent, & de rechercher les moyens d'acquerir en peu de temps de semblables richesses: Ce qui est d'autãt plus sensible, que c'est à la veuë des afflictions de nostre peuple, gemissant sous le faiz de leurs exactions, & de nos bons seruiteurs, qui ayans employé leurs peines, & trauaux, mesmes leur sang, & hazardé leurs vies pour nostre seruice, sont contraints de perdre la meilleure partie, non seulement des dons & recompenses que nous leur faisons: mais aussi des salaires & appointemens que nous leur donnons, pour en receuoir ce qu'il plaist à l'insatiable cupidité de plusieurs qui leur en doiuent faire le payement, dont la despense ne laisse pas d'estre portée entierement sur le fonds de nos Finances. A quoy l'on adiouste encores les fraudes, desguisemens & autres inuentions de peculat si couuertes, qu'il semble que la malice ayt surpassé toute la puissance de la Iustice, & qu'au scandale manifeste des larrecins publics ceux qui les commettent triomphent insolemmēt, comme asseurez dans vne entiere innocence, par la confiance qu'ils prennent au secret & subtilité de leurs fraudes: Ce que nostre conscience & l'obligation de nostre Sceptre ne nous permet de dissimuler plus long tēps, pour n'accroistre la hardiesse par l'impunité, & ne confirmer la malice par vne plus longue souffrance en la coustume d'en vser. A CES CAVSES, apres auoir faict mettre cette affaire en deliberation en nostre Conseil, auquel estoit la Royne nostre tres-honorée Dame & Mere, aucuns Princes de noſtre Sang, autres Princes Officiers de noſtre Couronne, & Seigneurs de noſtre Conſeil, De l'aduis d'iceluy, & de nos certaine ſcience, pleine puiſſance & auctorité Royale, Novs auons erigé & eſtably, & par ces preſentes ſignees de noſtre main, Erigeons & eſtabliſſons vne Chambre de Iuſtice composée des Officiers de nos Cours ſouueraines, qui seront nommez par nous, pour ſeoir en la Chambre dicte du Conſeil, lez noſtre Chambre des Comptes à Paris, & eſtre par eux procedé ſans aucune intermiſſion ny diſcontinuation à l'inſtruction & Iugemens des procez ciuils ou criminels, & autres differens meuz & à mouuoir à la requeſte de noſtre Procureur en ladite Chambre de Iuſtice ou autres, pour raiſon deſdites maluerſations commiſes depuis le dernier iour de Septembre mil ſix cens ſept, contre nos Officiers des finances, leurs Clercs, Commis & autres qui ont vacqué & trauaillé ſoubz eux, & ceux qui ont eu la charge & maniment des leuées extraordinaires, pour l'entretenemẽt des gens de guerre, reparations, fortifications, munitions de guerre, viures, & autres generalement quelsconques, ſans aucun excepter ny reſeruer, & iuger leſdits procés ſouuerainement & en dernier reſſort au nombre de dix pour le moins, pour le regard des iugemens diffinitifs, & au nombre de ſept pour tout ce qui cõcerne l'inſtruction deſdits procez, & Arreſts interlocutoires ſeruans à icelle. Voulons que les iugemens qui ſeront par eux donnez audit nombre, ſoient de pareille force & vertu que les Arreſts de nos autres Cours ſouueraines : leur attribuans pour cét effect, priuatiuement à tous autres Iuges & Officiers la cognoiſſance & iugement deſdits abus & maluerſations, circonſtances & dependances contre tous nos ſubjets qui s'en trouueront coupables de quelque eſtat, qualité, ou condition qu'ils ſoiẽt, & en quelque lieu, ou Prouince de noſtre Royaume, pays, terres, & ſeigneuries de noſtre obeïſſance qu'ils ſoiẽt demeurans : Laquelle nous auõs interdite à toutes nos Cours de Parlement, Chãbres de nos Cõptes, Cours de nos Aydes, & autres Iuges & Officiers quelscõques. AVONS euoqué & euoquons à Nous & à noſtre Conſeil, tous procez & differens meuz & à mouuoir pour raiſon deſdits abus & maluerſations, circonſtances & dependances d'icelles, pendans en noſdites Cours de Parlement, grand Conſeil, Chambres des Comptes, Cours des Aydes, & autres Iuriſdictions, en quelque eſtat qu'ils ſoient tant en premiere inſtance que par appel : Leſquels enſemble, ceux qui ſont de preſent pendans, ou ſeront meuz cy apres en noſtre Conſeil

d'Eſtat

d'Estat & Priué, par requeste, euoquation ou autrement, Nous auons renuoyez & renuoyõs en ladite Chambre de Iustice, pour y estre iugez & decidez souuerainement & en dernier ressort, comme dit est. Et d'autant que la preuue & verification desdits abus & maluersations par la nature & qualité du crime, est tres difficile à cause des desguisemens, fraudes, simulations, & suppositions, & qu'il est mal-aysé d'en tirer les vrayes & necessaires preuues, si ce n'est par les delations de ceux qui en ont esté les Ministres, lesquels toutesfois à raison de la complicité du crime, pourroiẽt en craindre & apprehender la peine, estant beaucoup plus vtile, plus raisonnable & plus expediẽt au public, d'exempter & descharger de la peine quelques particuliers, ainsi qu'il a esté fait par nos Predecesseurs en autres & semblables cas, pour auoir par leur moyen, cognoissance & reuelation de crimes ſi importans, que par vne trop exacte ſeuerité perdant les moyens de la deſcouurir, donner à tous l'impunité du paſſé, & la licence à l'aduenir: Novs auons de noſtredite pleine puiſſance & authorité Royale, dõné & octroyé, donnons & octroyõs par ces preſentes, grace & abolition à celuy ou ceux des complices ou coupables des faits & cas ſuſdits, leſquels auparauant qu'en eſtre accuſez & preuenus, viendront à reueler les fautes par eux & leurs complices faites & commiſes, Et donneront à noſtre Procureur en ladite Chambre, memoires, charges, & inſtructions ſuffiſantes pour la preuue & conuiction d'icelles. Donnons auſſi & octroyons pareille abolition aux coupables deſdites fautes, qui auparauant que d'en eſtre preuenus, ſe defereront eux meſmes, & feront reſtitution de ce qui aura eſté mal prins, ſelon que par les Iuges de ladite

Chambre il ſera iugé deuoir eſtre fait, & verifieront les fautes faites par leurs complices. Et afin d'inuiter nos autres bons ſubiects, d'ayder à eſclaircir la verité des faits & cas ſuſdits, dont le crime & l'accuſation eſt publique, important non ſeulement à nous mais au general & particulier de nos ſujects, Nous ordonnons à ceux qui ſe voudront rendre & declarer Delateurs & Denonciateurs de tels crimes, pour recompenſe & ſatisfaction des fraiz qu'il leur conuiendra faire, peines & vacations, le ſixieſme des amendes & condamnations qui nous ſeront adjugées, ou qui prouiendront de leurs denonciations en quelque ſorte & maniere que ce ſoit, lequel nous voulons & entendons leur eſtre payé par preference ſur les deniers qui prouiendront de leurſdites denonciations, par le Receueur qui ſera par nous commis à la recepte d'iceux, ſauf à nos Iuges en ladite Chambre d'ordõner autres & plus grandes recompenſes auſdits Denonciateurs ou autres perſonnes, ſelon la diligence, qualité, & circonſtances de leur aduis, & du ſeruice qu'ils nous y auront rendu: ſans que noſtredit Procureur en ladite Chambre puiſſe eſtre pourſuiuy, ou contrainct de declarer leſdits Denonciateurs aduenant qu'aucun des accuſez pour raiſon des cas ſuſdits, circonſtances, ou dependances, fut abſoubs des faicts à eux impoſez, Nonobſtant l'article de l'ordonnance d'Orleans, auquel pour cét effect, Nous auons derogé & derogeons par ces preſentes. Voulons auſſi qu'il ſoit fait reſtitution à ceux qu'il appartiẽdra des ſommes de deniers qui ſe trouueront & verifieront auoir eſté induëment exigez d'eux, enſemble des cedules & obligations feintes & ſimulées, ainſi qu'en l'vn, & l'autre cas noſdits Iuges verront eſtre à faire par raiſon. Et d'autant que pour la verification desdits crimes & abus, il sera souuent besoin d'auoir communication des Comptes rendus, & qui se rendront cy apres durant la seance de ladite Chambre, ensemble des acquits & pieces raportées sur iceux qui sont és Chambres de nos Comptes & autres pieces & actes estás aux greffes de nos Cours de Parlemēt, grand Conseil, Cours des Aydes, Bureaux de nos Thresoriers de France, Bailliages, Seneschaussées, Eslections & autres nos Iustices, lieux & endroits, Nous mandons & ordōnons aux gens de nosdites Cours de Parlemēt, grand Conseil, Chambres de nos Comptes, Cours des Aydes, Tresoriers de France, Baillifs, Seneschaux, Esleus & tous autres nos Iuges & Officiers, leurs Greffiers, Clercs ou Commis, gardes des sacs ou registres, de faire ausdits Iuges & autres qui seront par nous ou par eux commis & subdeleguez, & à noſtre Procureur en ladite Chambre en eſtant requis, ouuerture de leurs Chãbres & Greffes, & leur bailler & administrer tous Regiſtres, Comptes, Liures, Liaſſes, Acquits, Papiers, & autres pieces que beſoin ſera, ſans y faire difficulté. Si donnons en mandement à nos Amez & Feaux, les gens tenans noſtre Cour de Parlement, Chambre de nos Comptes & Cours des Aydes à Paris, chacun endroit ſoy, faire enregiſtrer ces preſentes, & le contenu en icelles, garder, obſeruer & entretenir, ſans ſouffrir qu'il y ſoit contreuenu en aucune maniere que ce ſoit. Mandons à nos Baillifs, Seneſchaux, Preuoſts de noſtre Hoſtel & grand Preuoſt de France, Preuoſts de nos chers & bienamez Couſins les Mareſchaux de Frãce, & tous autres nos Iuſticiers, Officiers & ſujets, & à nos Huiſſiers ou Sergens, obeïr aux Iugemẽs & Arreſts des Iuges de ladite Chambre, & mettre à execution tous decrets & ordonnances emanées d'eux, quand & ainsi que par eux leur sera ordonné, sans pour ce demander congé, permission, placet, visa, ne pareatis, nonobstant tous Edicts Ordonnances, mandemens, defenses & lettres à ce contraires : CAR tel est nostre plaisir. En tesmoin dequoy, nous auons faict mettre nostre seel à cesdites presentes. DONNE' à sainct Germain en Laye au mois d'Octobre, l'an de grace mil six cens vint-quatre. Et de nostre regne le quinziesme. Signé, LOVIS. Et sur le reply, Par le Roy, DE LOMENIE. Et seellé du grand sceau de cire verte sur lacs de soye rouge & verte. Et encores sur ledit reply est escrit,

Registrees, Ouy le Procureur General du Roy, pour estre executées selon leur forme & teneur. A Paris en la Chambre des Vaccations, suiuant les Letres de relief d'adresse du vingt-vniesme Octobre, le vingt troisiesme dudit mois d'Octobre, mil six cens vingt-quatre.

Signé, DV TILLET.

Leuës, publiées & registrées en la Chambre des Comptes, Ouy & ce requerant le Procureur General du Roy, à la charge que la cõmunication des Comptes & acquits estans en ladite Chambre, sera faicte par les Officiers d'icelle, les deux Bureaux assemblez, le vingt-quatriesme iour d'Octobre mil six cens vingt-quatre. Signé, GOBELIN.

Leuës, publiées & registrées, Ouy sur ce le Procureur General du Roy pour auoir lieu, & estre executées selon leur forme & teneur, sans toutesfois que l'euocation portée par icelles, puisse estre tirée à consequence pour l'aduenir au preiudice de la Iurisdiction attribuée à ladite Cour par les Ordonnances, suiuant l'Arrest du iourd'huy. Donné à Paris les Chambres assemblées en la Cour des Aydes le vingt-cinquiesme d'Octobre mil six cens vingt-quatre.

Signé, DV PVY, Par ordonnance de la Cour.

Leuës, publiées & registrées en la Chambre de Iustice, Ouy, & ce requerant le Procureur General du Roy en icelle, Monseigneur le Chancelier y seant, le trentiesme Octobre mil six cens vingt-quatre, par moy Conseiller, Secretaire du Roy, des Finances, & Conseil Priué.

Signé, LE TENNEVR.

www.ingramcontent.com/pod-product-compliance
Lightning Source LLC
LaVergne TN
LVHW010329230826
846091LV00009B/3789
9782329359014